AF349581

EDICT ET DE-CLARATION DV ROY,

contre les Officiers qui font atteints & conuain-cus par coutumace du crime de leze Majefté.

Verifiez en Parlement le Roy y feant le 12. Auril 1633.

A PARIS,

Par ANTOINE ESTIENE, P. MET-TAYER & G. PREVOST, Impri-meurs ordinaires du Roy.

M. DC. XXXIII.

Auec Priuilege de fa Majefté.

LOVIS par la grace de Dieu Roy de France & de Nauarre, A tous pre-sens & à venir, Salut. COMME les rebellions qui se forment dans les Estats trainent apres soy la ruine & la desolation du Public & des Particuliers; Il est aussi du deuoir d'vn bon Prince d'appliquer tous ses soins à ce que ce mal qui va ruinant le lien commun de la societé ciuile, ne prenne racine, & de chastier seuerement ceux qui en sont les autheurs ou qui les fomentent : Et bien que tous ceux qui se trouuent enuelopez en vn crime si pernicieux, soient grandement

A ij

puniſſables par toutes ſortes de loix, Il eſt neantmoins bien plus deteſtable quand il ſe rencontre en la perſonne des Officiers qui ont la marque de la puiſſance & de l'authorité Royale; qui d'autant plus qu'ils ont receu de graces de leur Prince, ſont-ils auſſi plus étroitement obligez à rendre la fidelité qui luy eſt deuë, & ſeruir d'exemple aux autres Subjets : Car eſtans les moyens deſquels les Roys ſe ſeruent pour conſeruer & maintenir leur authorité, & comme la lumiere pour conduire les peuples au vray chemin de l'obeïſſance, Il eſt certain que venans à ſe mécognoiſtre & abuſer de cette authorité, qui eſt vn rayon de la Royauté, il ſemble que les Roys ſoient obligez de ſe ſeruir contre eux d'autres moyens que les ordi-

naires, & d'vſer d'vn chaſtiment
beaucoup plus ſeuère & rigoureux
que contre le reſte de leurs Subjets.
Les derniers mouuemens dont noſtre Royaume a eſté miſerablement
affligé, comme ils ont eſté grands
& dangereux, pour auoir eu pour
chef noſtre tres-cher & tres-amé
Frere vnique le Duc d'Orleans, ont
auſſi enuelopé pluſieurs perſonnes
de diuerſes qualitez, les vns empor-
tez par leur ambition effrenée, les
autres par mauuais deſſeins; mais
tous ayans pour but la ruine de noſtre authorité & de noſtre Eſtat.
L'vn des principaux autheurs de
tout ce mal a eſté le Preſident le
Coigneux, qui ayant perdu la ſou-
uenance de tant de bien faits qu'il
auoit receus de nous, & particulie-
rement d'auoir eſté honoré gratui-

tement de la charge de Preſident en noſtre Parlement, pour d'autant plus l'obliger à bien ſeruir noſtre-dit Frere, l'auroit neantmoins porté à des reſolutions ſi contraires au bien & au repos de noſtre Royaume, qu'il n'y a perſonne qui ne iuge, Que ſans l'aſſiſtáce viſible de Dieu, & les bons & genereux conſeils de nos principaux Miniſtres, il y auoit à craindre vne entiere ſubuerſion de cét Eſtat. Ce qui nous auroit obligé, voyant que ledit le Coigneux s'eſtoit retiré hors noſtre Royaume ſans noſtre expreſſe permiſſion, de le comprendre dans nos Lettres de Declaration du trentié-me Mars mil ſix çens trente, par leſ-quelles nommément il auroit eſté declaré atteint & conuaincu de cri-me de leze Majeſté, ſi dans vn mois apres la publication de noſdites Lettres, il n'auoit recours à noſtre grace & clemence : Mais tant s'en faut qu'il ſe ſoit ſeruy de ce moyen, qui eſtoit pour le remettre en ſon deuoir, qu'il en auroit abuſé, & auroit continué à donner ſes pernicieux conſeils, ſuiuis de tres-mauuais effets, ſe ſeroit retiré en des Courts de Princes lors ennemis de cette Couronne, & en d'autres lieux non moins ſuſpects. Ce qui auroit attiré ſur luy noſtre iuſte indignation, en telle ſorte qu'il auroit eſté pourſuiuy criminellement en noſtre Cour de Parlement de Dijon; où par Arreſt donné par defaut & coutumacé, il auroit eſté atteint & conuaincu du crime de leze Majeſté, & en ſuite priué de tous honneurs, charges & dignitez, &

condemné à auoir la teste trenchée, & tous ses biens à nous acquis & confisquez. Et dautant qu'il est tres-honteux & qu'il importe à la dignité & à la reputation de nos affaires dans les Pays estrangers, que l'on y voye vn homme, l'vn des principaux Officiers de nostre Parlement, le Parlement des Pairs, la premiere Compagnie Souueraine de nostre Royaume, estre dans la rebellion notoire, fuyant çà & là, pour l'horreur de son crime, iusques là qu'il a pour ennemis capitaux ceux mesmes que son mauuais conseil a jetté dans la rebellion, porter encores les marques de nostre authorité comme s'il estoit innocent & dans son deuoir : Et d'ailleurs, qu'il est necessaire pour le repos de nos Subjets, que les Loix qui ont

esté

esté sainctement establies par les
Roys nos predecesseurs, pour le
bien de leur Estat, ne seruent de pro-
tection aux meschans pour le rui-
ner, par l'esperance qu'ils ont que
le temps conseruera leurs biens &
leurs charges, Et que c'est la premiere marque d'vn Prince Souuerain
de donner des Loix à son peuple, &
la plus haute sagesse de les accom-
moder à la nature des lieux, des personnes & du temps, Et que la neces-
sité & l'amour que nous portons à
nostre peuple, nous oblige d'auoir
l'œil, à ce que le crime de leze Majesté, le plus grand de tous les crimes, trop frequent en nostre Royaume, & qui gaigne insensiblement
les parties les plus nobles de nostre
Estat, soit rigoureusement & seuerement chastié : SÇAVOIR FAI-

SONS, que nous confiderans qu'il
eft à propos de declarer noftre vo-
lonté, tant fur l'article vingt-huit-
tiéme de l'Ordonnance de Moulins,
qui donne temps de cinq ans aux
condemnez par defauts & coutumaces, de fe reprefenter, que fur
l'article cent quatre vingts trois de
l Ordonnance de Blois, pofterieure
à celle de Moulins, qui veut en ter-
mes precis, Que tous criminels de
leze Majefté, nommément nos Officiers, ne puiffent iamais rentrer
en leurs charges & biens à l'aduenir,
en quelque forte & maniere que ce
foit, Ayans fait mettre cét affaire
en deliberation en noftre Confeil;
DE L'ADVIS d'iceluy, & de noftre pleine puiffance & authorité
Royale, AVONS dit & declaré,
difons & declarons par noftre pre-

sent Edict perpetuel & irreuocable,
Que ladite Ordonnance de Moulins, article vingt-huictiéme, ne se
peut ny doit entendre, ny auoir lieu
pour le regard de nos Officiers,
quels qu'ils soient, condemnez pour
rebellion & crimes de leze Majesté
par defauts & coutumaces, comme
indignes de toutes graces & priuileges : Mais, VOVLONS & nous
plaist, suiuant nostredite Ordonnance de Blois, article cent quatre
vingts trois, Que ceux de nosdits
Officiers, quels qu'ils soient, qui se
sont tant oubliez que d'auoir asso-
ciation, intelligences, participa-
tion ou ligue auec Princes, Poten-
tats, Republiques & Communau-
tez, dedans ou dehors nostre Royaume, directement ou indirecte-
ment, par eux ou par personnes

interpoſées , verbalement ou par écrit, & qui ſe retireront hors noſtre Royaume ſans noſtre exprés commandement ou permiſſion, ou qui feront des leuées & enrollement de gens de guerre ſans noſtre congé & licence, eſtre criminels de leze Majeſté , proditeurs de leur Patrie , incapables & indignes, eux & leur poſterité, de tous eſtats, offices, tiltres , dignitez , honneurs, graces, priuileges, & de tous autres droicts. Et outre, VOVLONS & nous plaiſt, que les Iugemens qui ſeront rendus ſur la qualité du crime de leze Majeſté contre noſdits Officiers, quoy que donnez par defauts & coutumaces, ſoient executez apres qu'ils auront eſté publiez , & ce pour le regard ſeulement de la confiſcation des Offices & Charges , ſans qu'ils

puiſſent à jamais y eſtre reſtablis,
par Lettres ou autrement, en quelque maniere que ce ſoit. Et attendu
les condemnations cy-deuant ren-
duës contre ledit le Coigneux pour
ſa rebellion & abſence notoire hors
noſtre Royaume, AVONS ledit
Office de Preſident en noſtre Cour
de Parlement, que tenoit ledit le
Coigneux, eſteint & ſupprimé, ſui-
uant nos Ordonnances.

SI DONNONS EN MANDEMENT
à nos amez & feaux Conſeillers les
Gens tenans noſtre Cour de Parlement & Chambre de nos Comptes
à Paris, que noſtre preſent Edict &
Declaration ils facent lire, publier,
regiſtrer, garder & obſeruer inuio-
lablement, de poinct en poinct, ſelon ſa forme & teneur, faiſans ceſſer
tous empeſchemens au contraire,

CAR tel eſt noſtre plaiſir. Et afin que ce ſoit choſe ferme & ſtable à toujours, nous auons fait mettre noſtre Seel à ceſdites preſentes, ſauf en autres choſes noſtre droict, & l'autruy en toutes. DONNE' à Paris au mois d'Auril, l'an de grace mil ſix cens trente-trois, & de noſtre regne le vingt-troiſiéme. Signé, LOVIS: & plus bas, Par le Roy, DE LOMENIE. A coſté, VISA, & ſeellé du grand Seau de cire verte en lacs de ſoye rouge & verte. Et au deſſous eſt encor écrit:

Leües, publiées & regiſtrées, oüy & ce conſentant le Procureur General du Roy, & copies colla-tionnées aux originaux des preſentes enuoyées aux Bailliages & Seneſchauſſées de ce reſſort, pour

y eſtre pareillement leües, publiées,
regiſtrées, gardées & obſeruées
ſelon leur forme & teneur. A
Paris en Parlement, le Roy y
ſeant, le douziéme Auril mil ſix
cens trente-trois.

Signé, DV TILLET.